Impressum
Verlag: BABADADA GmbH, Nedderfeld 112 , 22529 Hamburg
Geschäftsführer / Verlagsleitung: Harald Hof
Druck: Books on Demand GmbH, In de Tarpen 42, 22848 Norderstedt

Imprint
Publisher: BABADADA GmbH, Nedderfeld 112 , 22529 Hamburg, Germany
Managing Director / Publishing direction: Harald Hof
Print: Books on Demand GmbH, In de Tarpen 42, 22848 Norderstedt, Germany

baba

ትምህርት ቤት

dadadada
ማካፈል
186/2
babadada
ሰሌዳ
ba
መማሪያ ክፍል
bababa
የትምህርት ቤት ቅጥር
ግቢ
dada
መምህር
dadadada
ወረቀት
dadaba
dadaba
እስክሪብቶ
ba
መፃፊያ ጠረጴዛ
baba
ማስመሪያ
dadaba
መጽሐፍ
bababa
ተማሪ

dadaba

የጀርባ ቦርሳ

dada

የእርሳስ መያዣ

bababa

እርሳስ

dadaba

የእርሳስ መቅረጫ

baba

ላጲስ

ba

የስዕል ደብተር

2 baba - ትምህርት ቤት

bababa

ስዕል

ba

የቀለም ብሩሽ

dada

የቀለም ሳጥን

babadada

መቀስ

dadaba

ማጣበቂያ

dadadada

መልመጃ ደብተር

babadada

የቤት ስራ

12

bababa

ቁጥር

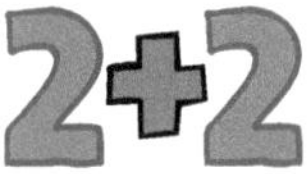

2+2

dadaba

መደመር

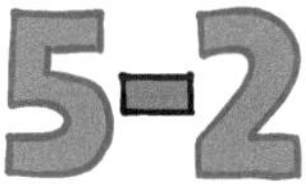

5-2

bababa

መቀነስ

2×2

badada

ማባዛት

dadababa

ቁጥሮችን ማስላት

A

babababa

ደብዳቤ

ABCDEFG
HIJKLMN
OPQRSTU
VWXYZ

babababa

ፊደላት

hello

dada

ቃል

babadada

ፅሑፍ

dadadada

ማንበብ

dada

ጠመኔ

babababa

ትምህርት

ba

ምዝገባ

baba

ፈተና

babababa

ሰርተፊኬት

babadada

የትምህርት ቤት የደንብ ልብስ

babababa

ትምህርት

dadababa

አዉደ ጥበብ

babababa

ዩኒቨርስቲ

dadababa

የምርምር አጉሊ መሳርያ

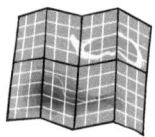

bababa

ካርታ

babadada

የቆሻሻ ወረቀት መጣያ ቅርጫት

babadada
ሆቴል

dadaba
ማረፊያ ቤት

ROOMS

dadadada
የዉጭ ገንዘብ ምንዛሪ
ቢሮ

EXCHANGE

dada
ልብስ መያዣ
ሻንጣ

ado
መኪና

dadadada

ቋንቋ

da / meh

አዎ/ አይደለም

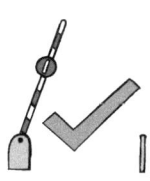

Oh

እሺ

ba

ሰላም

dada

አስተርጓሚ

dada

አመሰግናለሁ

bababababa

ስንት ነዉ.......?

ah

አልገባኝም

dadaba

እክል

ba dada

እንደምን አመሹ!

babadada

እንደምን አደሩ!

heia!

መልካም ምሽት!

dadaba

ደህና ይሰንብቱ

badada

አቅጣጫ

dada

ሻንጣ

bababababa

ቦርሳ

bababababa

የጀርባ ቦርሳ

baba

እንግዳ

dadadada

ክፍል

dadadada

የመተኛ ቦርሳ

dada

ድንኳን

dadadada

....

የጎብኚዎች መረጃ

badada

....

የባህር ዳርቻ

babadada

....

ክሬዲት ካርድ

dadababa

....

ቁርስ

baba

....

ምሳ

bababa

....

እራት

dada

....

ቲኬት

dada

....

አሳንሰር

babadada

....

ማህተም

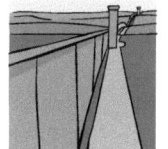

badada

....

ድንበር

dadaba

....

ባህሎች

babadada

....

ኤምባሲ

dadaba

....

ቪዛ/የይለፍ ወረቀት

dada da da da

....

ፓስፖርት

dadadada

መጓጓዣ

baba
አዉሮፕላን
dada
መርከብ
baba
የእሳት አደጋ
መኪና
bababa
የጭነት መኪና
babababa
አዉቶብስ
dada
የሞተር ጀልባ
ado
መኪና
dadadada
ብስክሌት

babadada

የማመላለሻ ጀልባ

baba

ጀልባ

bababa

የሞተር ብስክሌት

ado

የፖሊስ መኪና

ado

የዉድድር መኪና

auto

የኪራይ መኪና

dada

የመኪና መጋራት

ado

ጎታች መኪና

ado

የቆሻሻ ጭነት መኪና

brumbrum!

ሞተር

bababa

ነዳጅ

dada

የቤንዚን ማደያ

dadaba

የመንገድ ምልክት

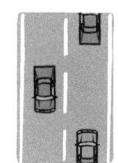

badada

የመኪኖች እንቅስቃሴ

ado ado

የመኪና መጨናነቅ

babadada

የመኪና ማቆሚያ

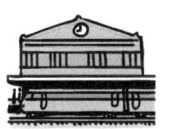

babababa

የባቡር ጣቢያ

dada

የባቡር ሀዲዶች

dadaba

ባቡር

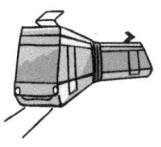

baba

የኤሌክትሪክ ባቡር

dadaba

ሰረገላ

baba

ሄሊኮፕተር

baba

አየር ማረፊያ

dadaba

ማማ

baba

መንገደኛ

badada

ማስቀመጫ፤ ማጠራቀሚያ

dada

ካርቶን እቃ ማሸጊያ

baba

ጋሪ፤ ተሳቢ

dadadada

ቅርጫት

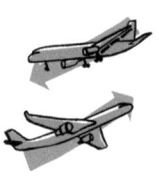

da / bada

መነሳት/ ማረፍ

dadaba

ከተማ

bababa

መንደር

dadababa

የከተማ ማዕከል

dadaba

ቤት

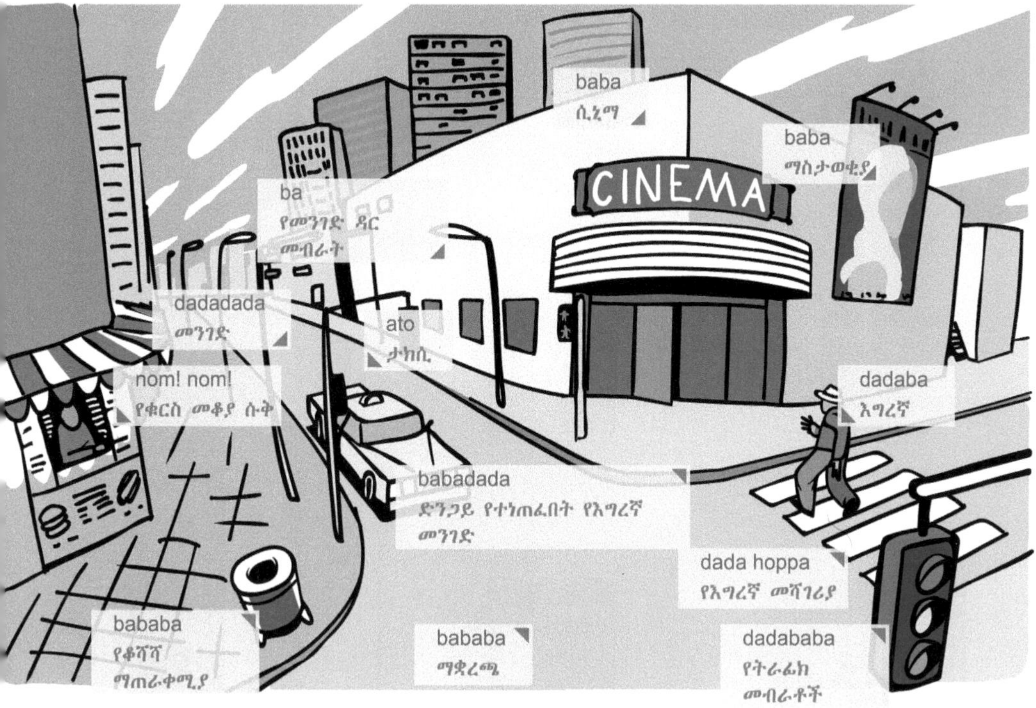

babadada

ጎጆ

dadadada

አፓርታማ

babababa

የባቡር ጣቢያ

dadaba

የከተማ አዳራሽ

bababa

ቤተ መዘክር

baba

ትምህርት ቤት

babababa

ዩኒቨርስቲ

dadadada

ባንክ

aua!

ሆስፒታል

babadada

ሆቴል

aua!

መድሐኒት ቤት

baba

ቢሮ

bababa

መፅሐፍ መሸጫ

ba

ሱቅ

dadaba

የአበባ መሸጫ

dada nom nom

የሸቀጣ ሸቀጥ መደብር

dadadada

ገበያ ስፍራ

dadadada

መደብር

nom! nom!

የዓሳ ነጋዴ

baba

የገበያ ማዕከል

ba

ወደብ

dadadada

መናፈሻ ቦታ

baba

አግዳሚ ወንበር

babababa

ድልድይ

dadadada

ደረጃዎች

bababa

ዉስጥ ለዉስጥ

baba

ዋሻ

ba

የአዉቶቡስ ፌርማታ

babababa

ባር

nom nom!

ምግብ ቤት

dadaba

የፖስታ ሳጥን

dada

የመንገድ ምልክት

baba

የመኪና ማቆሚያ ሒሳብ የሚያሰላ
ማሽን

bababa

የደር እንስሳት ማቆያ

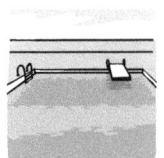

dada

የመዋኛ ገንዳ

baba

መስጊድ

dadaba

እርሻ

dadababa

የሚበክል ነገር

bababa

መቃብር ስፍራ

ba

ቤተ ክርስቲያን

dadababa

መጫወቻ ሜዳ

bababa

ቤተ መቅደስ

dada

መልከዓምድር

baba
ቅጠል

baba
የመንገድ ላይ
ምልክት

dada
መንገድ

bababa
አረንጓዴ መስክ

dada
በእግሩ የሚጓዝ

baba
ድንጋይ

dadababa
ዛፍ

bababa
ወንዝ

dada
ሳር

mama!
አበባ

badada

ሸለቆ

bababa

ኮረብታ

dadadada

ሀይቅ

dadadada

ጫካ

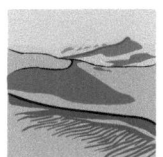

dadababa

በረሃ

dadaba

እሳተ ገሞራ

babababa

ግምብ

dadaba

ቀስተ ዳመና

bababa

እንጉዳይ

dadababa

የቴምብር ዛፍ/ ዘንባባ

aua!

ቢንቢ/ የወባ ትንኝ

badada

በራሪ

dadababa

ጉንዳን

summ summ

ንብ

dada

ሸረሪት

dadaba

ጢንዚዛ

quak

እንቁራሪት

dadababa

ሽኮኮ

dadaba

ጃርት

baba

ጥንቸል

gackgack

ጉጉት ወፍ

gackgack

ወፍ

gackgack

የዉሃ ዳክዬ

babadada

ከርከሮ

dadadada

አጋዘን

dadadada

አጋዘን

dadadada

ግድብ

ba

በነፋስ የሚሽከረከር

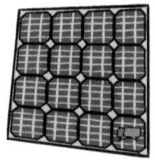

dadadada

የፀሀይ ፓኔሎ

bababa

አየር ንብረት

nom nom!

ምግብ ቤት

dadadada
አስተናጋጅ
baba
ማዉጫ
dadaba
ወንበር
nom! nom!
ሾርባ
nom nom!
ፒዛ
ba
መክተፊያ
babababa
የጠረጴዛ ጨርቅ

nom! nom!

የምግብ ፍላጎትን የሚከፍት ምግብ

nom! nom!

ዋና ምግብ

nom nom!

ማጣጣሚያ ተከታይ ምግብ

dadababa

መጠጦች

nom nom!

ምግብ

nom nom!

ጠርሙስ

nom! nom!

ፈጣን ምግብ

nom! nom!

የመንገድ ምግብ

babababa

የሻይ ማንቆርቆሪያ

nom! nom!

የስኳር እቃ

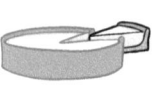

nom nom!

ድርሻ

dadaba

የቡና ማፊያ ማሽን

bababa

ባለጌ ወንበር

ba

የክፍያ ደረሰኝ

bababa

ትሪ

ba

ቢላዋ

babadada

ሹካ

dadaba

ማንኪያ

bababa

የሻይ ማንኪያ

dadaba

ልብስ ምግብ እንዳይነካ የሚረዳ
ጨርቅ

ba

ብርጭቆ

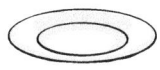

nom nom!

ዝርግ ሰሀን

bababa

የሾርባ ጎድጓዳ ሰሀን

bababa

የስኒ ማስቀመጫ

nom! nom!

ማጣፈጫ ስጎ

dadadada

የጨዉ እቃ

dadaba

የተፈጨ ቃሪያ

bähbäh

ኮምጣጤ

dadababa

የምግብ ዘይት

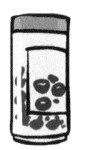

dadababa

ቀመማ ቅመሞች

nom! nom!

የቲማቲም ድልህ

nom! nom!

ሰናፍጭ

nom nom!

ማዮኒዝ

dada nom nom

የሸቀጣ ሸቀጥ መደብር

dadababa
ልዩ አቅራቦት
FOR
dadaba
ደምበኛ
dadaba
የወተት ተዋፅዖ
baba
ባለ ጎማ የእጅ ጋሪ

dadaba

ሉካንዳ ነጋዴ

nom! nom!

መጋገርያ

bababa

ክብደት መመዘን

bähbäh

ቅጠላ ቅጠል አትክልት

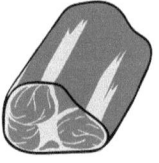

nom nom!

ስጋ

nomnom

የቀዘቀዘ/የረጋ ምግብ

nom nom!

ቀዝቃዛ ቁራጭ

nomnom

የታሸገ ምግብ

bababa

የማጠቢያ ዱቄት

baba

ጣፋጮች

dadaba

የቤት ዉስጥ ዉጤቶች

dadababa

የፅዳት ምርቶች

bababa

የሽያጭ ባለሙያ

bababa

የገንዘብ መመዝቢያ ማሽን

dadaba

የሒሳብ ሰራተኛ

dada

የግዢ ዝርዝር

dadababa

ክፍት ሰዓታት

baba

የኪስ ቦርሳ

babadada

ክሬዲት ካርድ

dadababa

ቦርሳ

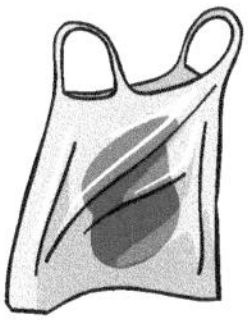

dadababa

የፕላስቲክ ቦርሳ

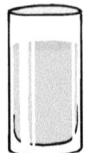

dadababa

መጠጦች

wasa

ውሃ

dadadada

ጭማቂ

badada

ወተት

ba

ኮካ-ኮላ

bababa

ወይን

dadadada

ቢራ

dadaba

አልኮል

bababa

ኮካ

dadababa

ሻይ

dada

ቡና

dadaba

የተፈላ ቡና

dadababa

ካፑቺኖ

nane
....
ሙዝ

nom nom!
....
ፖም

bababa
....
ብርቱካን

nom nom!
....
ሀብሀብ

nom nom!
....
ሎሚ

bähbäh
....
ካሮት

bada meh
....
ነጭ ሽንኩርት

dadaba
....
ሸምበቆ

dadaba
....
ቀይ ሽንኩርት

nom nom!
....
እንጉዳይ

nom nom!
....
ለዉዝ

nom nom!
....
የህፃናት ምግብ

nom nom!

ፓስታ

nom nom!

ሩዝ

nom nom!

ሰላጣ

nom nom!

የድንች ጥብስ

nom nom!

ድንች ጥብስ

nom nom!

ፒዛ

nom nom!

ዳቦ ዉስጥ በስሱ ተጠብሶ የገባ
ስጋ

nom nom!

ሳንድዊች

nom nom!

ጥሬ ስጋ

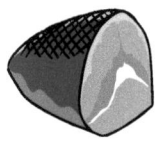

nom nom!

የአሳማ ስጋ

nom nom!

በቅመምና በጨዉ የታሸ ምግብ
ቀዝቅዞ የሚበላ ሾርባ ምግብ

nom nom!

ቋሊማ

gack gack

ዶሮ

nom nom!

ጥብስ

nom nom!

አሳ

nom nom!

የአጃ ገንፎ

bähbäh

ከወተት ጋር ተደባልቀዉ የሚበሉ
ምግቦች

nom nom!

የበቆሎ ቅርፊት

nom nom!

ዱቄት

nom nom!

ኩራሳ

babadada

ድብልብል ዳቦ

nom! nom!

ዳቦ

nom nom!

መጥበስ

nom nom!

ብስኩት

nom nom!

ቅቤ

nom nom!

እርጎ

nom nom

ኬክ

dadaba

እንቁላል

nom nom!

እንቁላል ጥብስ

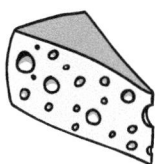

bada muh

አይብ

nom nom!

የበረዶ ክሬም

nom nom!

ስኳር

baba summ

ማር

nom nom!

ማርማላት

nom nom!

የተናጠ የወተት ክሬም

babadada

ማጣፈጫ

ba
የገበሬ ቤት

dada
የጭድ ክምር

dadaba
የእህልና የከብት ማቀመጫ ቤት

bababa
ሜዳ

hoppa
ፈረስ

dada
ተሳቢ መኪና

dadaba
የፈረስ ዉርንጭላ

bababa
የእርሻ መኪና

iaa
አህያ

mää
በግ

bebi mää
የበግ ጠቦት

baba

ፍየል

muh

ላም

mimuh

ጥጃ

mama oink

አሳማ

oink

ግልገል አሳማ

dadadada

ኮርማ

gackgack

ዝይ

gackquack

ዳክዬ

gacki

የዶሮ ጫጩት

gackgack

ዶሮ

gacko

አዉራ ዶሮ

dada

አይጥ

mau

ደድመት

bababa

አይጥ

muh

በሬ

wauwau

ዉሻ

wauwau

የዉሻ ቤት

baba

የአትክልት ቦታ

dadababa

ዉሃ ማጠጫ ባልዲ

baba

ረጅም ማጭድ

dadababa

ማረሻ

baba

ማጭድ

dadadada

መኮትኮቻ

dada

የእህል መንሽ

bababa

መጥረቢያ

babababa

ኩርኩር/ የእጅ ጋሪ

baba

ገንዳ

dada muh

የወተት ዕቃ

dadababa

ጆንያ ከረጢት

badada

አጥር

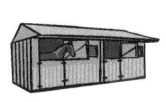

dadadada

የፈረስ ጋጣ

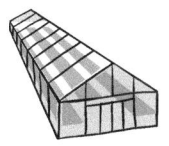

ba

ዕፅዋት ማሳደጊያ የመስታዉት
ቤት

babadada

አፈር

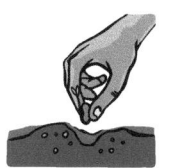

baba

ዘር

baba

የመሬት ማዳበሪያ

dadababa

ጥምር ማረሻ

bababa

አዝመራ መሰብሰብ

dadadada

አዝመራ

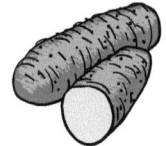

dadaba

ድንች

dadababa

ስንዴ

dadababa

ሶያ

bababa

ድንች

badada

በቆሎ

bababa

የከብት መኖ

bababa

የፍሬ ዛፍ

dadadada

የካሳቫ ዛፍ

dadababa

እህል

dadaba

ቤት

ba
የጪስ ማዉጫ
babadada
ጣራ
dadaba
አሸንዳ
baba
መስኮት
dada
ጋራዥ
dingdong
የበር ደወል
bababa
በር
babadada
የቆሻሻ ማጠራቀሚያ
ba
ፖስታ ሳጥን
badada
የአትክልት ቦታ

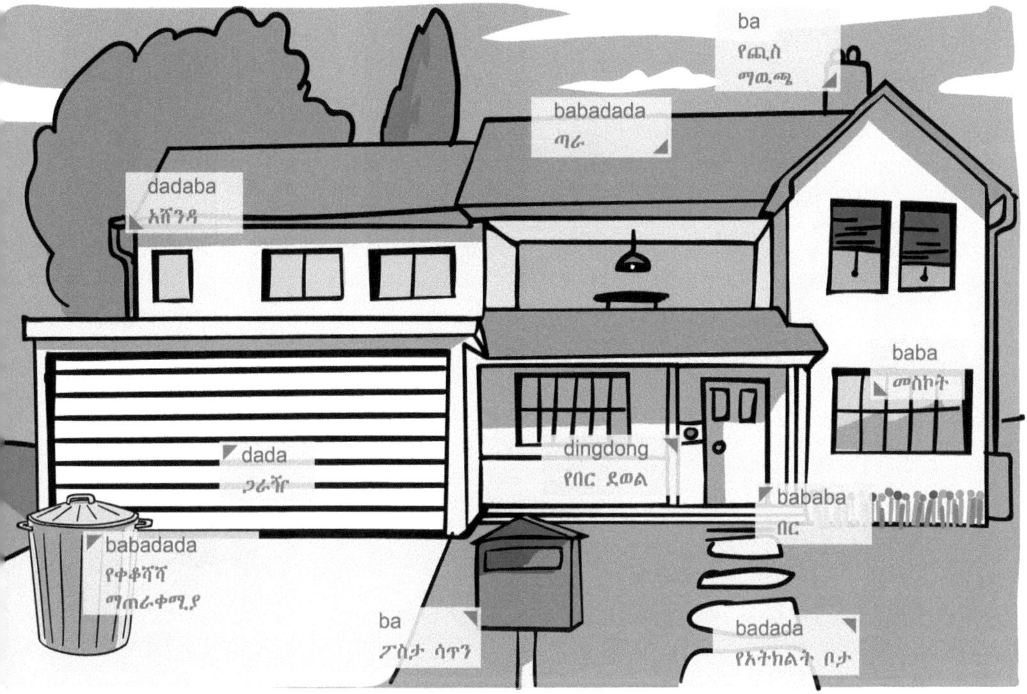

dadadada

ሳሎን

bababa

መታጠቢያ ቤት

bababa

ማድቤት

dadababa

መኝታ ቤት

meina

የልጅ ክፍል

dadaba

መመገቢያ ክፍል

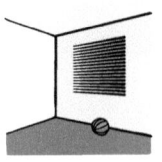

badada

ወለል

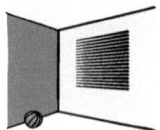

dadababa

ግድግዳ

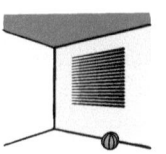

bababa

ጣሪያ

dada

ምድር ቤት

dadababa

በእንፋሎት ሙቀት መታጠቢያ ቤት

babababa

ሰገነት

dadadada

ከፍ ያለ መደብ

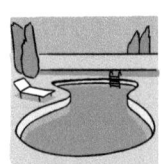

bababa

የመዋኛ ገንዳ

baba

የማጨጃ መኪና

dadaba

አንሶላ

babadada

የአልጋ ልብስ

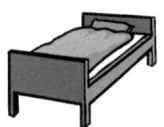

heia!

አልጋ

dada

መጥረጊያ

dadaba

ባልዲ

dadababa

ማብሪያና ማጥፊያ

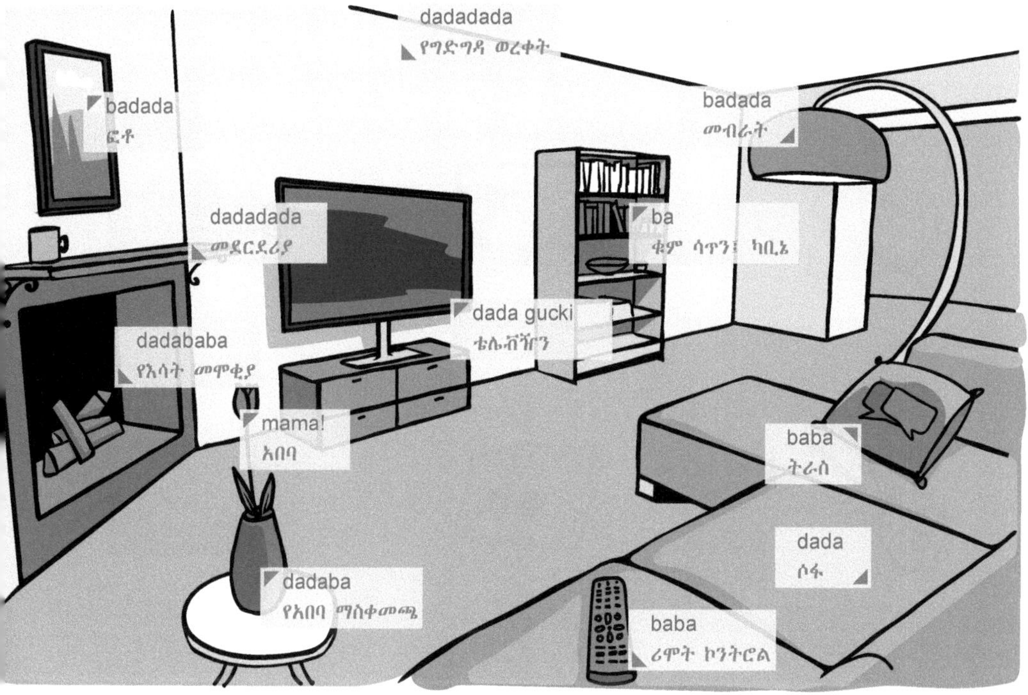

dadadada
የግድግዳ ወረቀት

badada
ፎቶ

badada
መብራት

dadadada
መደርደሪያ

ba
ቁም ሳጥን፣ ካቢኔ

dadababa
የእሳት መሞቂያ

dada gucki
ቴሌቪዥን

mama!
አበባ

baba
ትራስ

dada
ሶፋ

dadaba
የአበባ ማስቀመጫ

baba
ሪሞት ኮንትሮል

dada

ንጣፍ

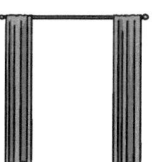

bababa

መጋረጃ

ba

ጠረጴዛ

dadaba

ወንበር

dadadada

ተወዛዋዥ ወንበር

bababa

ባለመደገፊያ ወንበር

dadaba

መጽሐፍ

dadadada

ብርድ ልብስ

dadaba

ጌጥ

ba

ማገዶ

dadadada

ፊልም

lala

የሙዚቃ መማጫወቻ

babadada

ቁልፍ

dadadada

ጋዜጣ

dadadada

ስዕል

bababa

የተለጠፈ ማስታወቂያ እንደ ስዕል

lala

ራዲዮ

dadababa

ማስታወሻ ደብተር

babadada

የአየር ማፅጃ ለምንጣፍ

aua!

ቁልቋል

babadada

ሻማ

bababa

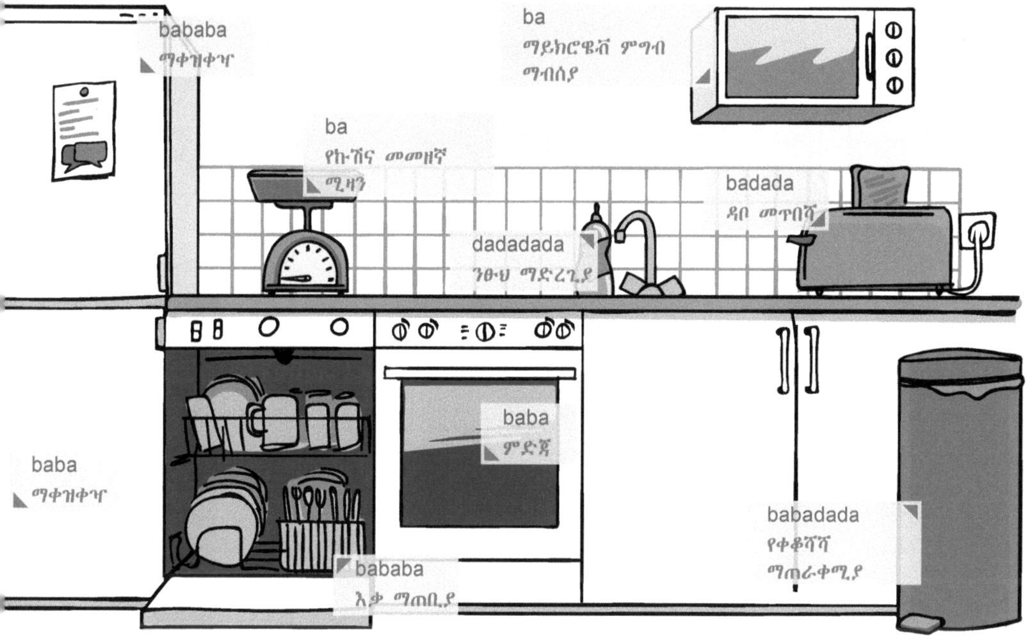

bababa
ማቀዝቀዣ
ba
ማይክሮዌቭ ምግብ
ማብሰያ
ba
የኩሽና መመዘኛ
ሚዛን
badada
ዳቦ መጥበሻ
dadadada
ንፁህ ማድረጊያ
baba
ምድጃ
baba
ማቀዝቀዣ
babadada
ማጠራቀሚያ
bababa
እቃ ማጠቢያ

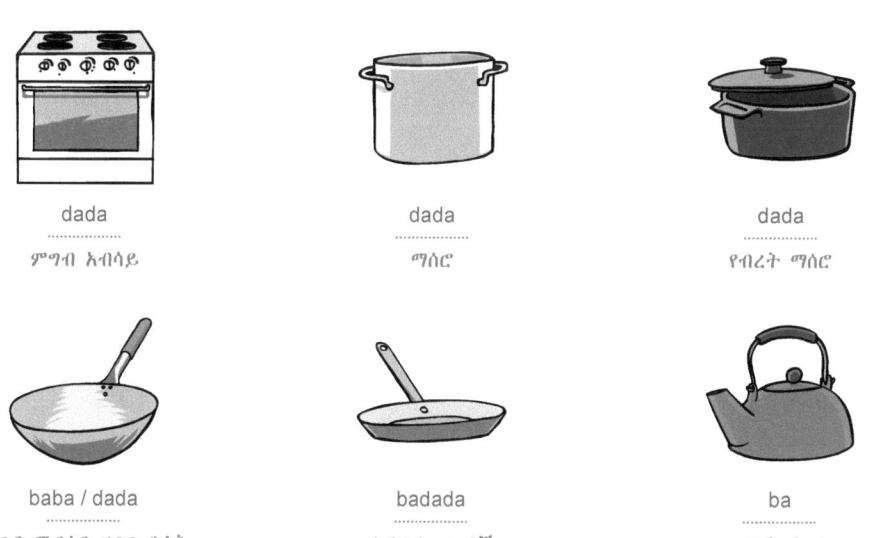

dada

ምግብ አብሳይ

dada

ማሰሮ

dada

የብረት ማሰሮ

baba / dada

ምግብ ማብሰያ ዝርግ ድስት

badada

የምግብ መጥበሻ

ba

ማንቆርቆሪያ

dadababa

የእንፋሎት ማብሰያ

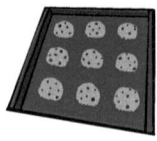

bababa

የመጋገሪያ ትሪ

dadaba

ሰብስቦች

dadadada

ትልቅ ኩባያ

dadaba

ጎድጓዳ ሳህን

baba

ቾፕስቲክስ

dadaba

ጭልፋ

dadadada

መሰቅሰቂያ ዝርግ ማንኪያ

badada

ማደባለቂያ

dada

መወጠሪያ

bababa

ወንፊት

baba

መፈርፈሪያ መሳሪያ

dadababa

ሲሚንቶ

dada

የፍም ጥብስ

aua!

የተለቀቀ እሳት

dadababa

....

መክተፊያ

babababa

....

ተንሸራታች መርፌ

dadababa

....

የጠርሙስ መክፈቻ

dadadada

....

ጣሳ

bababa

....

የጣሳ መክፈቻ

dadababa

....

የማሰሮ መሸፈኛ

dadadada

....

ሳህን ማጠቢያ

dadababa

....

ብሩሽ

ba

....

ስፖንጅ

aua!

....

መደባለቂያ መሳሪያ

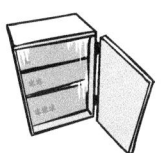

babadada

....

በጣም ማቀዝቀዣ

bababa

....

ጡጦ

dadadada

....

ቧንቧ

bababa

መታጠቢያ ቤት

babadada
ማሞቂያ
bababa
መታጠቢያ
ba
ፎጣ
babababa
የመታጠቢያ ቤት መጋረጃ
wasa
የአረፋ መታጠቢያ
baba
የመታጠቢያ ገንዳ
ba
baba
የልብስ ማጠቢያ
dadadada
badada
ማዕዘን ወለል
kaka
dadadada
ሳህን ማጠቢያ

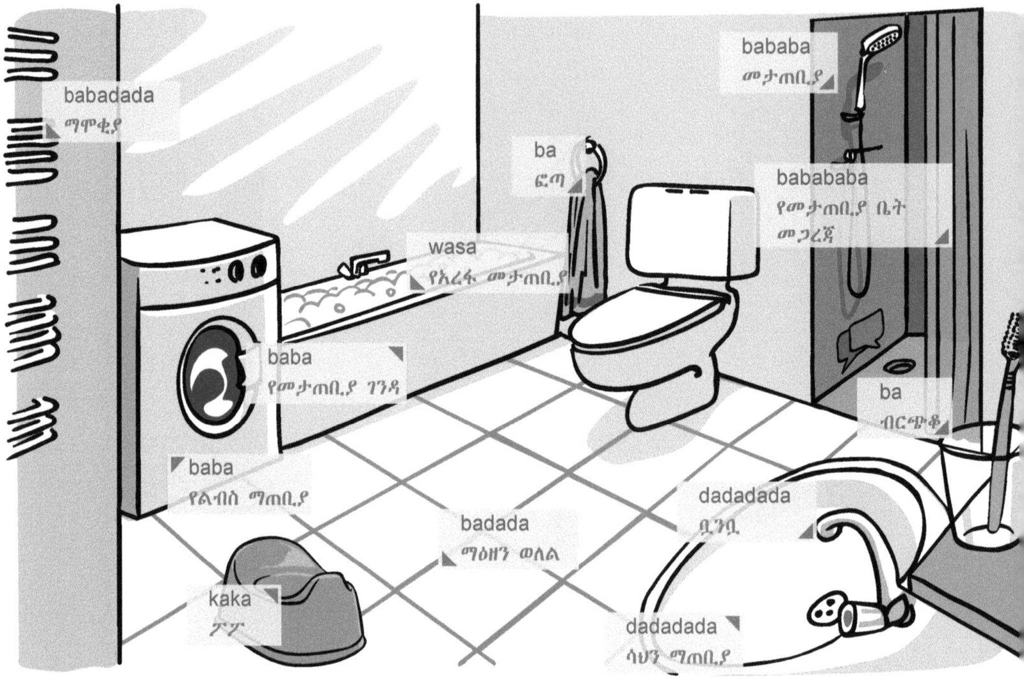

kaka

ሽንት ቤት

ba

የሽንት ቤት መቀመጫ

dadababa

ሳፋ

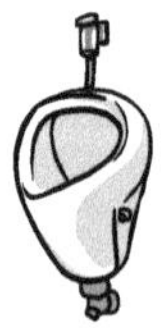

dadababa

የመንገድ ዳር መሽኛ

kaka

የሽንት ቤት ወረቀት

bababa

የሽንት ቤት ማፅጃ ብሩሽ

38 bababa - መታጠቢያ ቤት

bababa

የጥርስ ብሩሽ

nom! nom!

የጥርስ ሳሙና

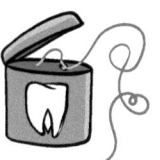

dadadada

የጥርስ ማፅጃ ክር

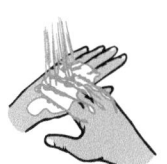

bababa

መታጠብ

babababa

የእጅ መታጠቢያ

dadadada

መታጠቢያ

badada

ጎድጓዳ ሳህን

dadadada

የጀርባ ብሩሽ

nom! nom!

ሳሙና

nom! nom!

የመታጠቢያ የሚዝለገለግ ሳሙና

nom! nom!

የፀጉር መታጠቢያ ሳሙና

babadada

ለስላሳ ጨርቅ

dadaba

ፍሳሽ

nom! nom!

ክሬም

babababa

ጠረን መቀየሪያ ንጥረ ነገር

dadadada

መስታወት

dadadada

የእጅ መስታወት

ba

ምላጭ

nom! nom!

የመላጫ አረፋ

nam! nam!

ከመላጨት በኋላ የሚቀባ ሽቱ

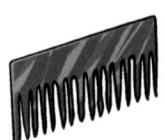

dadababa

ማበጠሪያ

baba

ብሩሽ

dadadada

የፀጉር ማድረቂያ

badada

በፀጉር ላይ የሚነፋ

dadaba

የፊት መቀባቢያ

mama!

የከንፈር ቀለም

ba

የጥፍር ቀለም

bababa

የጥጥ ሱፍ

dadadada

ጥፍር መቁረጫ

bababa

ሽቶ

dadadada

....

ማጠቢያ ባልዲ

bababa

....

መቀመጫ

dadadada

....

ሚዛን

ba

....

የመታጠቢያ ልብስ

babababa

....

የላስቲክ ጓንት

ba

....

ሞዴስ

bababa

....

የፅዳት ፎጣ

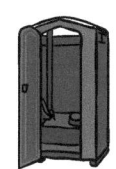

baba

....

የሽንት ቤት ኬሚካል

meina

የልጅ ክፍል

bababa
የማንቂያ ደዉል ሰዐት
bababa
የህፃን አሻንጉሊት
auto
የመጫወቻ
መኪና
dadadada
ማንገጫገጫ
መጫወቻ
bababa
የአሻንጉሊት ቤት
babababa
ስጦታ

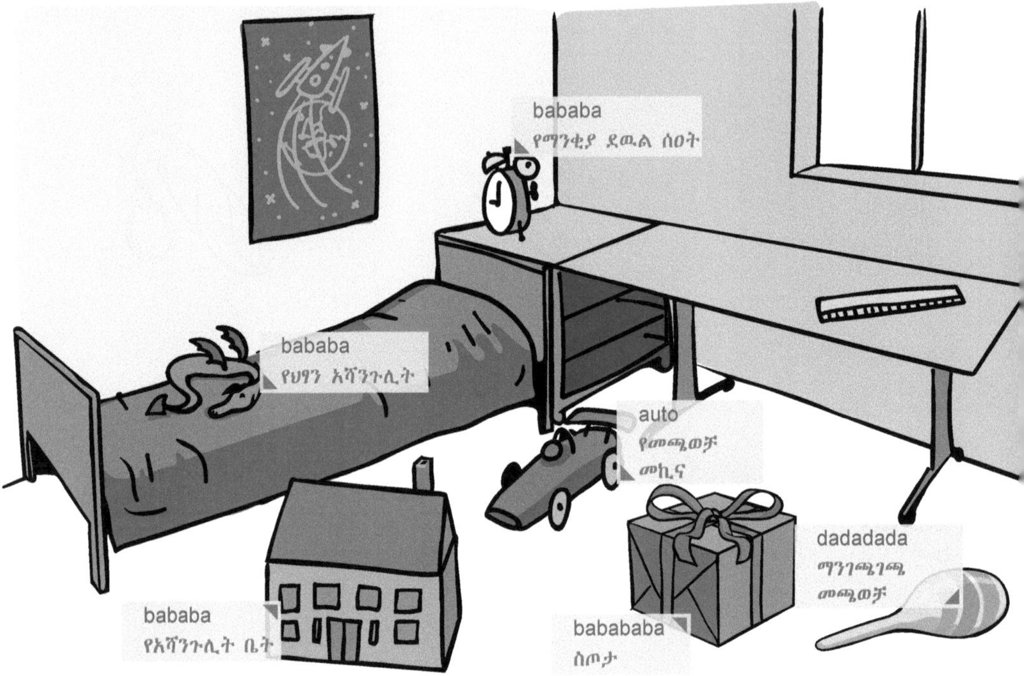

dadadada

ፊኛ

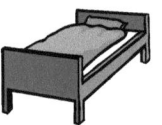

heia!

አልጋ

dadaba

የህፃን ማንሸራሸሪያ ጋሪ

dadababa

የካርታ መጫወቻ

bababa

ቁርጥራጭ ምስሎችን የማገጣጠም
እና ምስል የማግኘት ጨዋታ

dadababa

አዝናኝ

badada

ተገጣጣሚ መጫወቻ

badada

የመጫወቻ መገጣጠሚያዎች

dada

የድርጊት ምስል

dadadada

የህፃን እድገት

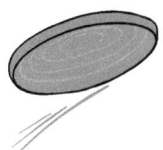

dadaba

የፕላስቲክ መጫወቻ ዝርግ ሰሀን

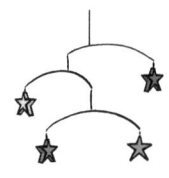

dadaba

ተወዛዋዥ የህፃን ማጫወቻ

ba

የሰሌዳ ጨዋታ

baba

የመጫወቻ ጠጠር

dadababa

የመጫወቻ ባቡር

lula

የእንጀራ እናት ጡጦ

baba

ድግስ

dadaba

የስዕል መፅሀፍ

dada

ኳስ

dada

አሻንጉሊት

badada

መጫወት

dadaba

....

የአሸዋ መጫወቻ

babababa

....

ዥዋዥዌ

dadababa

....

መጫወቻዎች

dadaba

....

የቪዲዮ መጫወቻ

babadada

....

ባለ ሶስት ጎማ ብስክሌት

dadababa

....

የአሻንጉሊት ድብ

dadaba

....

ቁምሳጥን

baba

አልባሳት

dadadada

....

ካልሲዎች

ba

....

ስቶኪንጎች

dada

....

ታይት

bababa
የአንገት ልብስ
bababa
ጃንጥላ
dadababa
ቀበቶ
badada
ከናቴራ
baba
ቦቲ
ba
ስኒከሮች
baba
የቤት ዉስጥ ነጠላ ጫማ

bababa

ነጠላ ጫማዎች

badada

ጫማዎች

dada

የዝናብ ቡትስ

ba

ሙታንታ

baba

ጡት መያዣ

dadadada

ሰደርያ

badada

ሰዉነት

ba

ሱሪዎች

bababa

ጅንስ

dada

ጉርድ ቀሚስ

bababa

ሸሚዝ

dadadada

ሸሚዝ

baba

የሚጠለቅ ሹራብ

baba

ሹራብ

babadada

ዩኒፎርም ጃኬት

baba

ጃኬት

bababa

ኮት

dadababa

የዝናብ ኮት

bababa

ልብስ

ba

ቀሚስ

dadaba

የሙሽራ ቀሚስ

dadadada

ሱፍ

bababababa

የለሊት ልብስ

heia

የለሊት ልብስ

baba

ረጅም ቀሚስ

dadadada

ሂጃብ

dada

ጥምጣም

dada

ቡርቃ

baba

ሸርጥ

dadadada

አባያ

wasa

የዋና ልብስ

bababa

አጭር ቁምጣ

dadababa

ቁምጣዎች

babababa

የስራ ቱታ

baba

ሽርጥ

babababa

ጓንት

dadaba

ቁልፍ

babadada

መነፅር

dada

አምባር

dadababa

የአንገት ሀብል

bababa

ቀለበት

dadababa

የጆሮ ጌጥ

dada

ኮፍያ

babadada

የኮት መስቀያ

dadababa

ኮፍያ

bababa

ክረቫት

badada

ዚፕ

dadaba

የብረት ቆብ

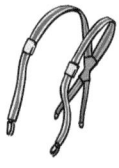

dada

መደገፊያ

babadada

የትምህርት ቤት የደንብ ልብስ

babababa

የደንብ ልብስ

namnam

መሃረብ

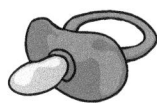

lula

የእንጀራ እናት ጡጦ

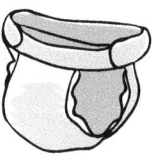

kaka!

ሽንት ጨርቅ

baba

ቢሮ

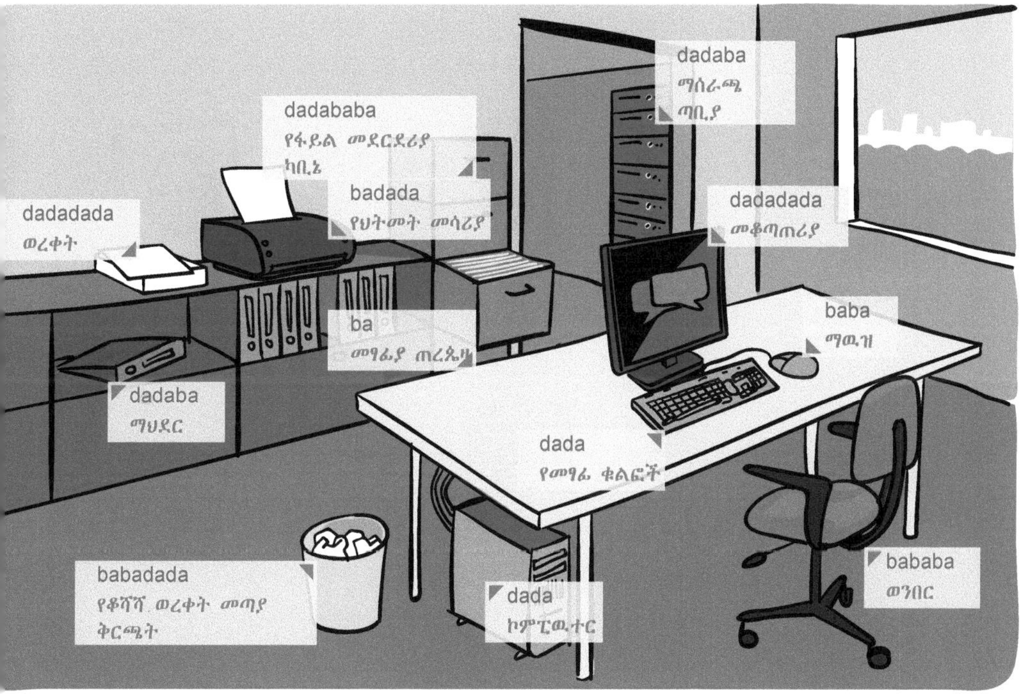

dadaba
ማሰራጫ ጣቢያ
dadababa
የፋይል መደርደሪያ ካቢኔ
badada
የህትመት መሳሪያ
dadadada
ወረቀት
dadadada
መቆጣጠሪያ
baba
ማዉዝ
ba
መፃፊያ ጠረጴዛ
dadaba
ማህደር
dada
የመፃፊ ቁልፎች
babadada
የቆሻሻ ወረቀት መጣያ ቅርጫት
dada
ኮምፒዉተር
bababa
ወንበር

dada

የቡና መጠጫ ትልቅ ኩባያ

bababa

ማስልያ ማሽን

da da

ኢንተርኔት

papa!

ላፕቶፕ

dadababa

ደብዳቤ

ba

መልዕክት

fon

ተንቀሳቃሽ ስልክ

bababa

የግንኙነት አዉታር

ba

ማባዣ ማሽን

bababa

ሶፍትዌር

dada bing

ስልክ

aua!

የግድግዳ ሶኬት

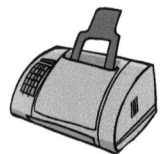

bababa

የፋክስ ማሽን

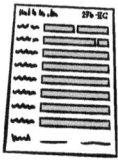

dadaba

ቅፅ

bababa

ሰነድ

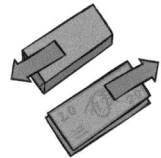

baba

መግዛት

dadadada

መክፈል

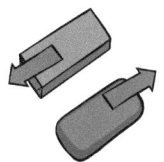

dadaba

መነገድ

badada

ገንዘብ

babadada

ዶላር

dadaba

ዩሮ

bababa

የን

ba

ሩብል

dada

የስዊዝ ፍራንክ

dada

ሬንሚንቢ ዩዋን

ba

ሩጲ

ba

የገንዘብ ነጥብ

dadadada

የዉጭ ገንዘብ ምንዛሪ ቢሮ

dadadada

ወርቅ

baba

ብር

dadadada

ዘይት

ba

ሀይል፤ ጉልበት

dadadada

ዋጋ

baba

ግንኙነት

bababa

ቀረጥ

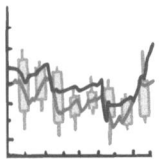

dadadada

አክስዮን

dadaba

መስራት

dadadada

ተቀጣሪ

dadababa

ቀጣሪ

dadaba

ፋብሪካ

ba

ሱቅ

ba

የስራ ሙያዎች

baba
የፖሊስ አዛዥ
dada
የእሳት አደጋ ሰራተኛ
babababa
ምግብ አብሳይ
aua!
ዶክተር
bababa
አብራሪ

bababa
....
አትክልተኛ

bababa
....
አናጢ

baba
....
ልብስ ሰፊ ሴት

bababa
....
ዳኛ

dadaba
....
ቀማሚ

dadababa
....
ተዋናይ

ba

የአዉቶቢስ ሹፌር

auto mann

የታክሲ ሹፌር

bababa

አሳ አጥማጅ

dadadada

ፅዳት ሰራተኛ

dadadada

የጣራ ሰራተኛ

dadadada

አስተናጋጅ

badada

አዳኝ

dadadada

ሰዓሊ

dadababa

ጋጋሪ

papa!

የኤሌትሪክ ሰራተኛ

babababa

ገምቢ

bababa

መሃሃዲስ

dadababa

ልኳንዳ

dadadada

የቧንቧ ሰራተኛ

bababa

የፖስታ ሰራተኛ

dadadada

ወታደር

ba

መሃንዲስ

dadaba

የሒሳብ ሰራተኛ

bababa

አበባ ሻጭ

babadada

የፀጉር ሰራተኛ

bababa

ቲኬት ቆራጭ

dadaba

መካኒክ

dada

ካፒቴን

badada

የጥርስ ሐኪም

ba

ተመራማሪ

bababa

መምህር

dadaba

የሙስሊም ሃይማኖታዊ መሪ

dada

መነኩሴ

dadadada

ካህን

dada

መሳሪያዎች

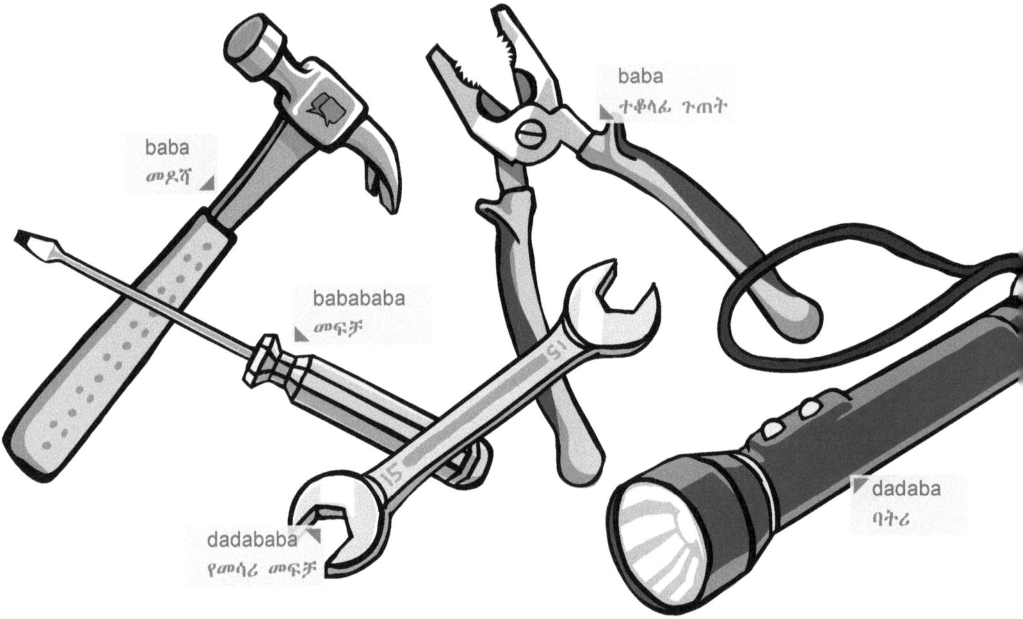

baba
መዶሻ
baba
ተቆላፊ ጉጠት
babababa
መፍቻ
dadababa
የመሳሪ መፍቻ
dadaba
ባትሪ

dadaba

....

በቁፋሮ የሚዝቅ

baba

....

የመፍቻ ሳጥን

babababa

....

መሰላል

dadaba

....

መጋዝ

babadada

....

ምስማር

dada

....

መሰርሰሪያ

dadababa

መጠገን

dada

አካፋ

aua!

የተረገመ!

dada

ቆሻሻ ማፈሻ

dadaba

የቀለም ቆርቆሮ

babababa

ብሎን

bababa

የሙዚቃ መሳሪያዎች

bungas
የከበሮ መሳሪያዎች

boom boom
የድምፅ ማጉያ
መሳሪያ

ba
ክራር መሰል የሙዚቃ
መሳሪያ

bombede
የትንፋሽ ሙዚቃ
መሳሪያ

dadababa
ድርብ ቤዝ ጊታር

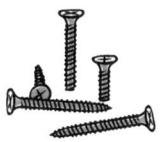

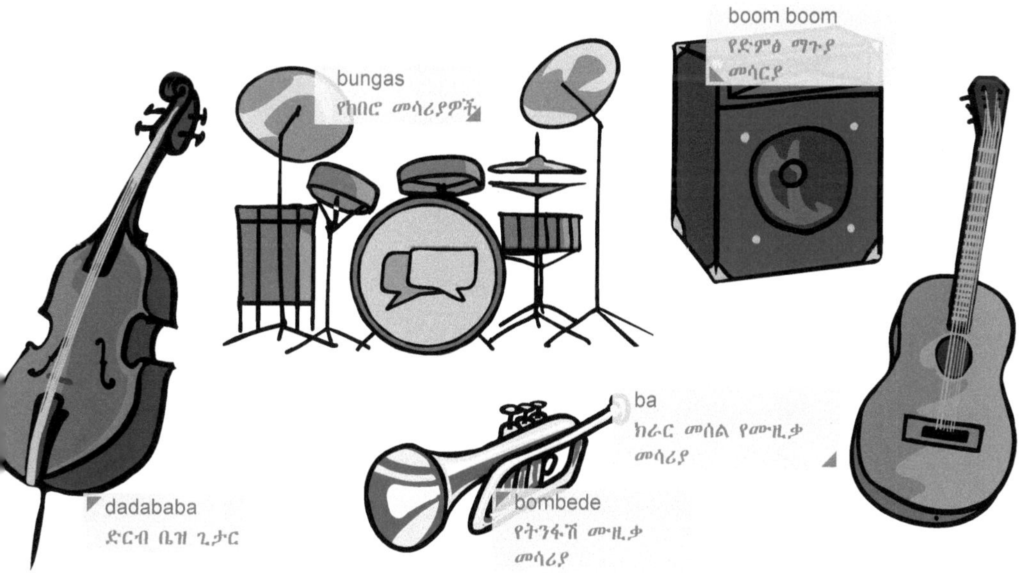

bingbing

ፒያኖ

bababa

ቫዮሊን

ba

ወፍራም፤ ጎርናና ድምፅ ያለዉ ክራር መሰል ሙዚቃ መሳሪያ

badada

ነጋሪት

bunga bunga

ከበሮ

badada

በኤሌክትሪክ የሚሰራ ፒኖ

dadababa

የትንፋሽ ሙዚቃ መሳሪያ

dadababa

ዋሽንት

dadadada

የድምፅ ማጉያ

bababa

የደር እንስሳት ማቆያ

dada mau
ነብር
baba
መግቢያ
bababa
ሳጥን
dadababa
የሜዳ አህያ
babadada
የእንስሳ ምግብ
dada
ትልቅ ድብ

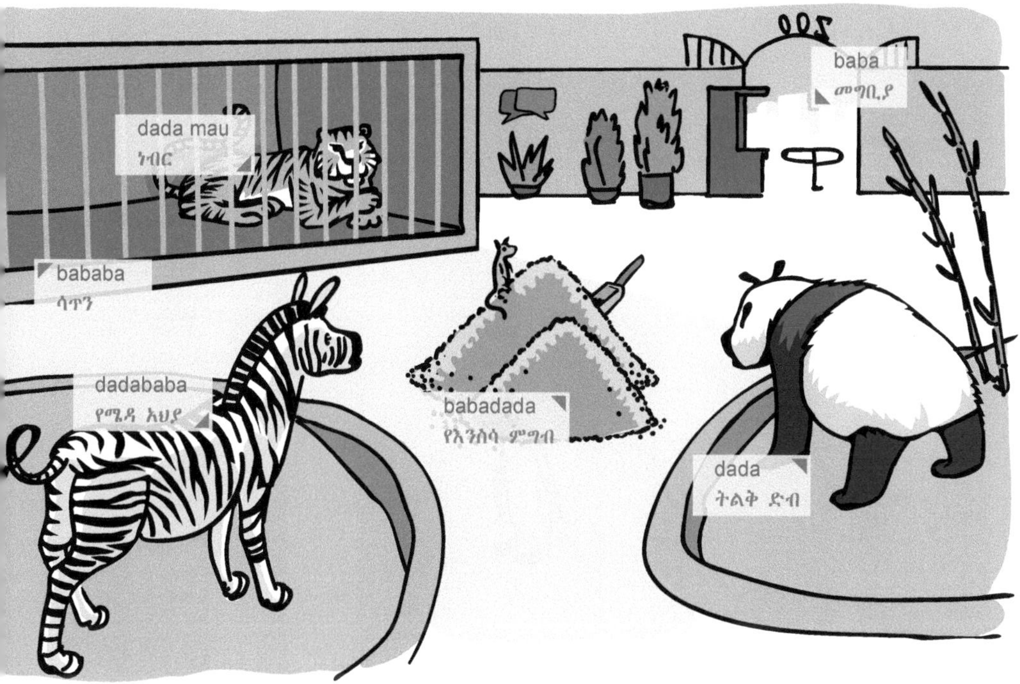

dadadada

እንስሳቶች

bababa

ዝሆን

dadaba

ካንጋሮ

babadada

አዉራሪስ

dada

ትልቅ ዝንጀሮ

babababa

ድብ

dadaba

....

ግመል

gackgack

....

ሰጎን

babadada

....

አንበሳ

dadaba

....

ጦጣ

gackgack

....

ቅልጥመ ረዥም ወፍ

bababa

....

በቀቀን

bababa

....

የወዋልታ ድብ

dada

....

የዋልታ ወፎች

bababa

....

ረጅም ጥርሶች ያሉትአሳ ነባሪ

dadaba

....

ጣዎስ

badada

....

እባብ

babababa

....

አዞ

dadadada

....

የዱር አራዊት የሚጠበቁበት
ማቆያን የሚጠብቅ

dada

....

አሳ በሊታ የባህር እንስሳ

bababa

....

የዱር ድመት

ei!

ድንክ ፈረስ

dadadada

ነብር

dada

ጉማሬ

babababa

ቀጭኔ

bababa

ንስር

babadada

ከርከሮ

nom nom!

አሳ

dadadada

የባህር ኤሊ

anje

የባህር አዉሬ

dadadada

ቀበሮ

bababa

የሜዳ ፍየል ፤ ሚዳቋ

ba

የስፖርት አይነቶች

dadababa
የአሜሪካ እግርኳስ
dadaba
የብስክሌት ስፖርት
bum bum
ቴኒስ
ball
የቅርጫት ኳስ
badada
ዋና
aua!
የቡጢ ስፖርት
baba
የበረዶ ላይ የገና ጨዋታ

dadadada

እግር ኳስ

badada

የላበ ኳስ ጨዋታ

dadababa

አትሌቲክስ

ball

የእጅ ኳስ ስፖርት

dadadada

የበረዶ መንሸራተት ስፖርት

baba

ፈረስ ግልቢያ

baba
መሳቅ

dada
መዝለል

bababa
ማቀፍ

dada
መራመድ

dadababa
መዘመር

dadababa
ህልም ማለም

dadadada
መፀለይ

mama!
መሳም

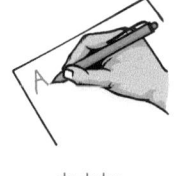

dadaba

መፃፍ

dada

መሳል

dadababa

ማሳየት

dada

መግፋት

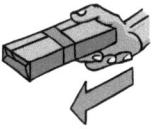

badada

መስጠት

dadaba

መዉሰድ

dadaba

መያዝ

dadadada

ማድረግ

babadada

መሆን

dadadada

መቆም

baba

መሮጥ

dadababa

መሳብ

dadadada

መወርወር

dadaba

መዉደቅ

badada

መዋሸት

dadaba

መጠበቅ

bababa

መሸከም

ba

መቀመጥ

dadababa

መልበስ

heia!

መተኛት

bababa

መንቃት

babababa

መመልከት

baaaaaa

ማለልቀስ

dadadada

መጫር

bababa

ማበጠር

bababa

ማዉራት

baba

መረዳት

badada

ጥያቄ

dadababa

ማዳመጥ

bababa

መጠጣት

nomnom!

መብላት

badada

ማንፃት

ba

ማፍቀር

badada

ምግብ ማብሰል

dadababa

መንዳት

dadadada

መብረር

dadababa

....

መርከብ መንዳት

dadababa

....

ቁጥሮችን ማስላት

dadadada

....

ማንበብ

dadababa

....

መማር

dadaba

....

መስራት

baba

....

ማግባት

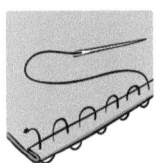

dada

....

መስፋት

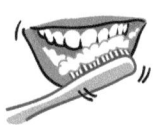

aua!

....

ጥርስ መቦረሽ

aua!

....

መግደል

dadababa

....

ማጨስ

babababa

....

መላክ

oma!
የሴት አያት

opa!
የወንድ አያት

papa!
አባት

mama!
እናት

bebi
ህፃን

ba
ሴት ልጅ

badada
ወንድ ልጅ

baba

እንግዳ

ba

አክስት

bababa

አጎት

nein!

ወንድም

nein!

እህት

dadababa

አካል

bababa
ግንባር
dada
አይን
dada
ፊት
dadababa
አገጭ
dada
ጣት
baba
እጅ
da
ጡት
bababa
ክንድ
bababa
ትከሻ
dadaba
እግር

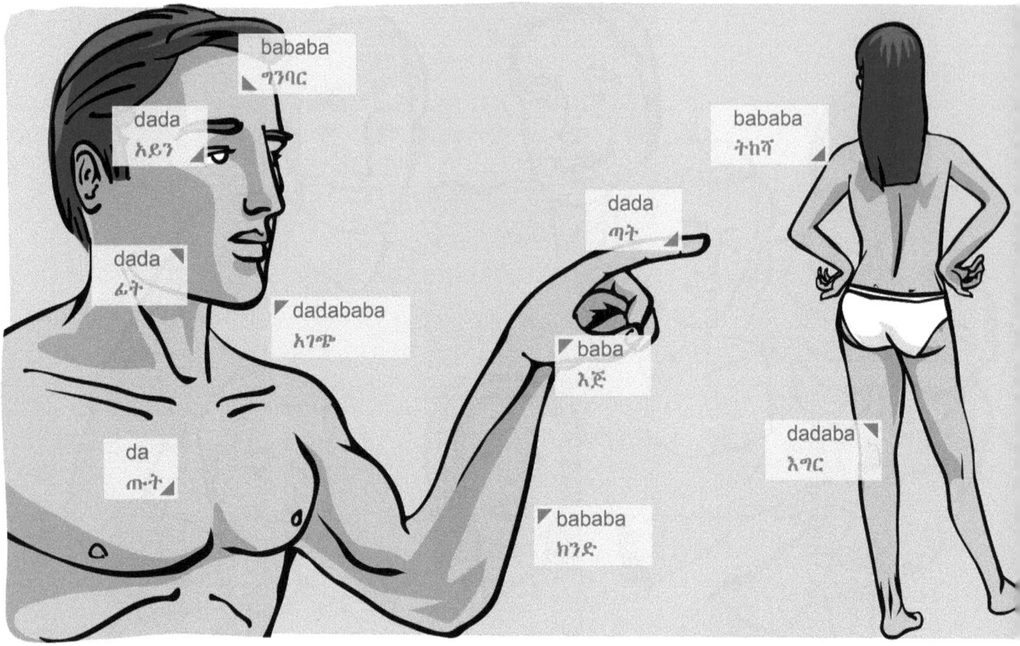

bebi

ህፃን

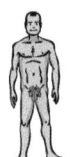

papa!

ሰዉ

mama

ሴት

baba

ልጃገረድ

babadada

ወንድ ልጅ

bababa

ራስ

68 dadababa - አካል

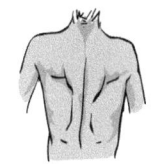

baba

ጀርባ

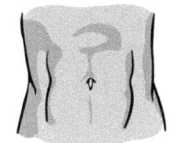

dadababa

ሆድ

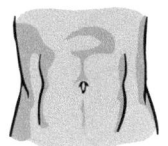

dada

እምብርት

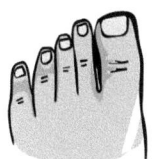

dadababa

የእግር ጣት

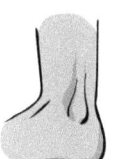

ba

ተረከዝ

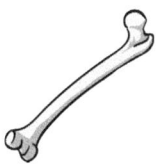

badada

አጥንት

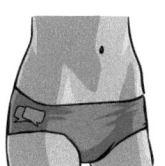

bababa

ዳሌ

dada

ጉልበት

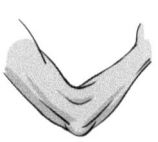

dadadada

ክርን

bababa

አፍንጫ

popo

ቂጥ

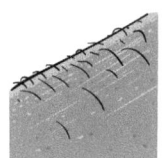

dadaba

ቆዳ

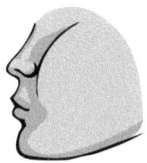

badada

ጉንጭ

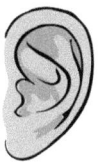

dada

ጆሮ

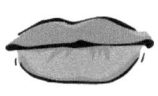

babababa

ከንፈር

dadababa

አፍ

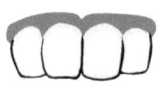

dadadada

ጥርስ

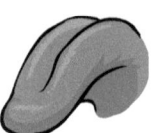

baba

ምላስ

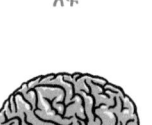

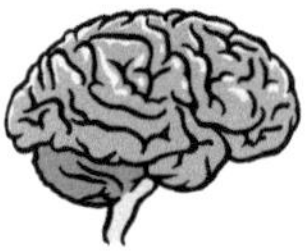

dadadada

አንጎል

baba

ልብ

dada

ጡንቻ

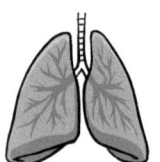

dada

ሳምባ

dada

ጉበት

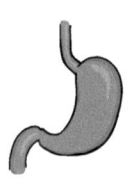

dadababa

ሆድ

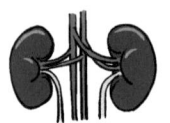

dadaba

ኩላሊቶች

babadada

የግብረስጋ ግንኙነት

dada

ኮንዶም

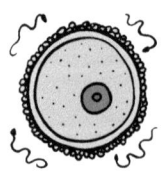

badada

የሴት እንቁላል

dadababa

የዘር ፈሳሽ

dadababa

እርግዝና

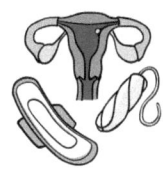

ba

የወር አበባ

mumu

እምስ

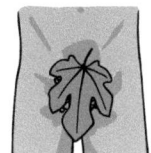

pipi

ቁላ

dada

ቅንድብ

dadababa

ፀጉር

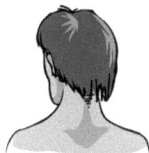

bababa

አንገት

aua!
ሆስፒታል

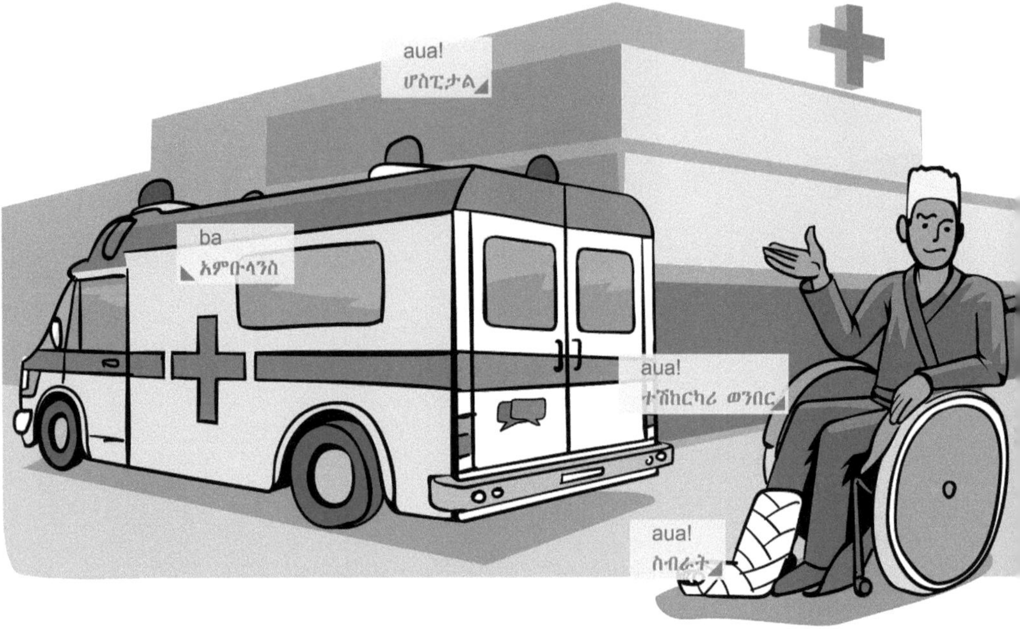

ba
አምቡላንስ

aua!
ተሽከርካሪ ወንበር

aua!
ስብራት

aua!

ዶክተር

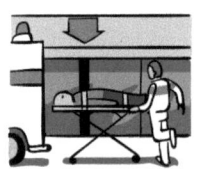

aua!

ድንገተኛ ክፍል

aua!

ነርስ

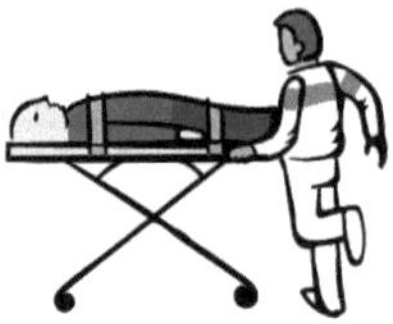

aua!

ድንገተኛ

aua!

ራስን መሳት/ አለማወቅ

dadababa

ህመም

aua!

ጉዳት

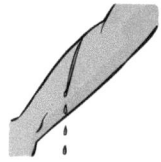

dadadada

መድማት

aua!

የልብ ድካም

aua!

ስትሮክ

dadababa

አለርጂ

aua!

ሳል

aua!

ትኩሳት

aua!

ኢንፍሎዌንዛ

aua!

ተቅማጥ

aua!

የራስ ምታት

aua!

ካንሰር

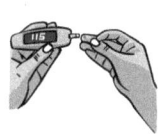

aua!

የስኳር በሽታ

aua!

ቀዶ ጠጋኝ ሐኪም

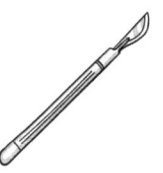

aua!

የቀዶ ጥገና ስለት

aua!

ቀዶ ጥገና

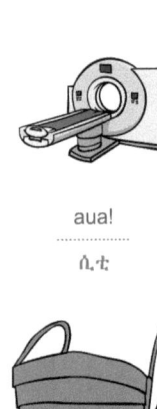

aua!

ሲቲ

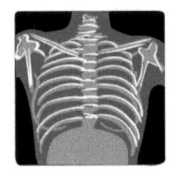

aua!

ኤክስሬዮ

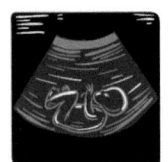

aua!

አልትራሳዉንድ

aua!

የፊት ጭምብል

aua!

በሽታ

aua!

መጠበቂያ ክፍል

aua!

ምርኩዝ

aua!

የቁስል ማሸጊያ

dadababa

ፋሻ

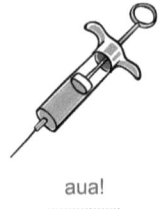

aua!

መርፌ

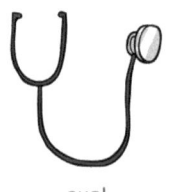

aua!

የልብ ምት ማዳመጫ መሳሪያ

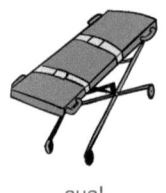

aua!

የበሽተኛ አልጋ

aua!

የህክምና ሙቀት መለኪያ መሳሪያ

aua! bebi!

መውለድ

aua!

ክልክ ያለፈ ክብደት

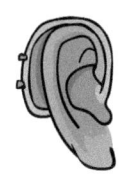

aua!

ለመስማት የሚረዳ መሳሪያ

aua!

ፀረ ተባይ መድሀኒት

aua!

ማመርቀዝ

aua!

ቫይረስ

aua!

ኤች አይቪ ኤድስ

aua!

ህክምና

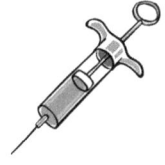

aua!

ክትባት

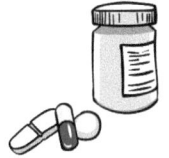

aua!

ኪኒን

dadaba

ኪኒን

aua!

አስቸኳይ የስልክ ጥሪ

aua!

ደም ግፊት መቆጣጠሪያ

da / ba

ህመም/ ጤንነት

aua!

ድንገተኛ

aua!

እርዳታ!

aua!

ማንቂያ ደዉል

aua!

ጥቃት

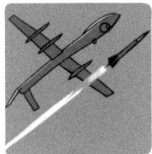

aua!

ድብደባ

aua!

አደጋ

dadadada

የድንገተኛ መዉጫ

dadaba

እሳት!

dadaba

እሳት ማጥፊያ

aua! aua!

አደጋ

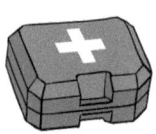

aua!

የመጀመሪያ እርዳታ መድሃኒት መያዣ

baba

ነፍስ አድን

dadadada

ፖሊስ

dada

ምድር

badada

አዉሮፓ

dadaba

ሰሜን አሜሪካ

dadababa

ደቡብ አሜሪካ

dadaba

አፍሪካ

dadaba

እስያ

babababa

አዉስትራሊያ

badada

አትላንቲክ

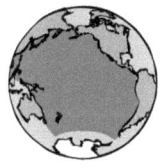

dadaba

ፓስፊክ

baba

የህንድ ዉቅያኖስ

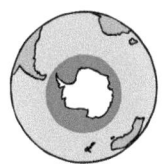

bababa

አንታርክቲክ ዉቅያኖስ

dadababa

አርክቲክ ዉቅያኖስ

bababa

ሰሜን ዋልታ

dadababa

ደቡብ ዋልታ

dadaba

አንታርክቲካ

dada

ምድር

dadaba

መሬት

badada

ባህር

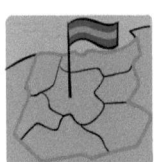

dadadada

ደሴት

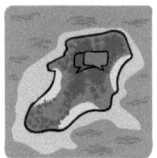

dadadada

አገርና ህዝብ

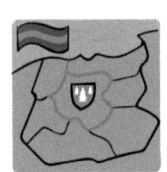

dadababa

መንግስት

baba

የሰዓት ገፅታ

babadada

ሰዓት

baba

ደቂቃ

bababa

ሴኮንድ

dadababa

ስንት ሰዓት ነው?

babadada

ቀን

dada

ጊዜ

baba

አሁን

dadababa

የቁጥር ሰዐት

dadababa

ደቂቃ

bababa

ሰዓታት

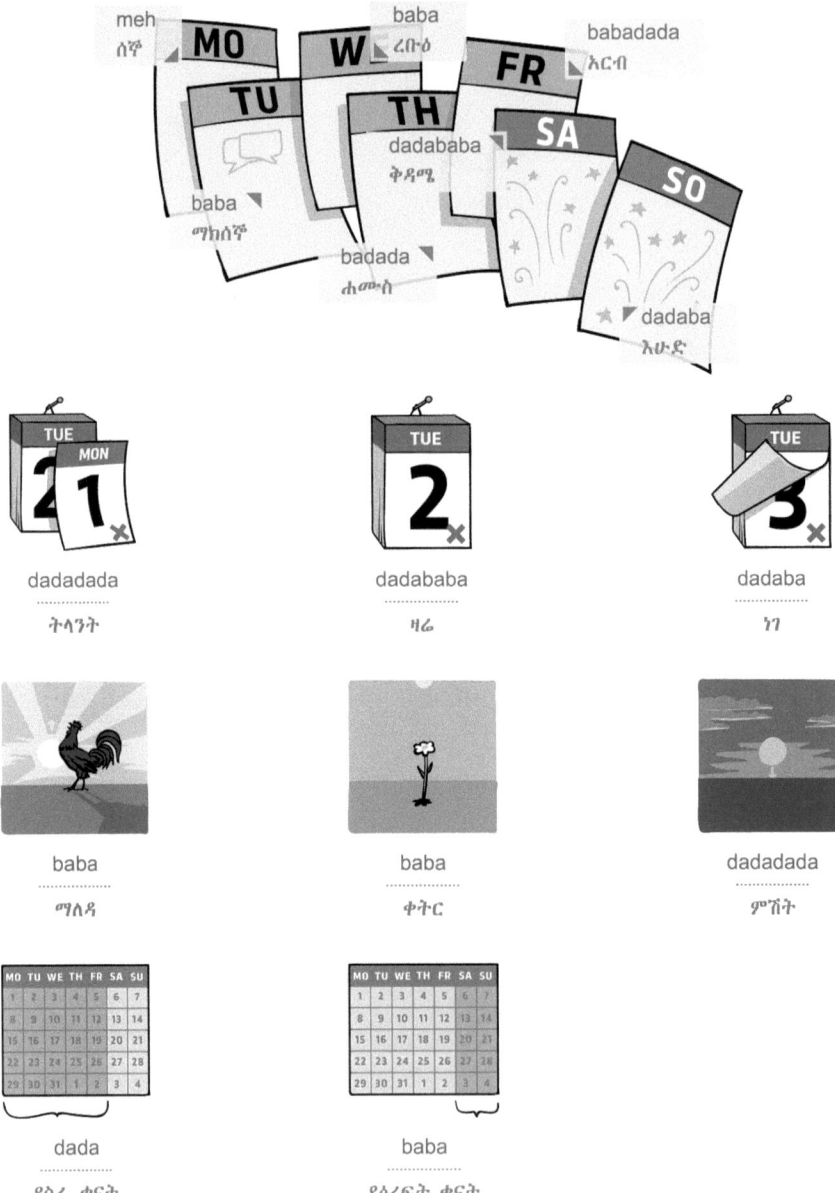

babadada

ሳምንት

MO
meh
ሰኞ
TU
baba
ማክሰኞ
W
baba
ረቡዕ
TH
badada
ሐሙስ
FR
babadada
dadababa
ቅዳሜ
SA
SO
dadaba
እሁድ

dadadada

ትላንት

dadababa

ዛሬ

dadaba

ነገ

baba

ማለዳ

baba

ቀትር

dadadada

ምሽት

dada

የስራ ቀናት

baba

የዕረፍት ቀናት

80 babadada - ሳምንት

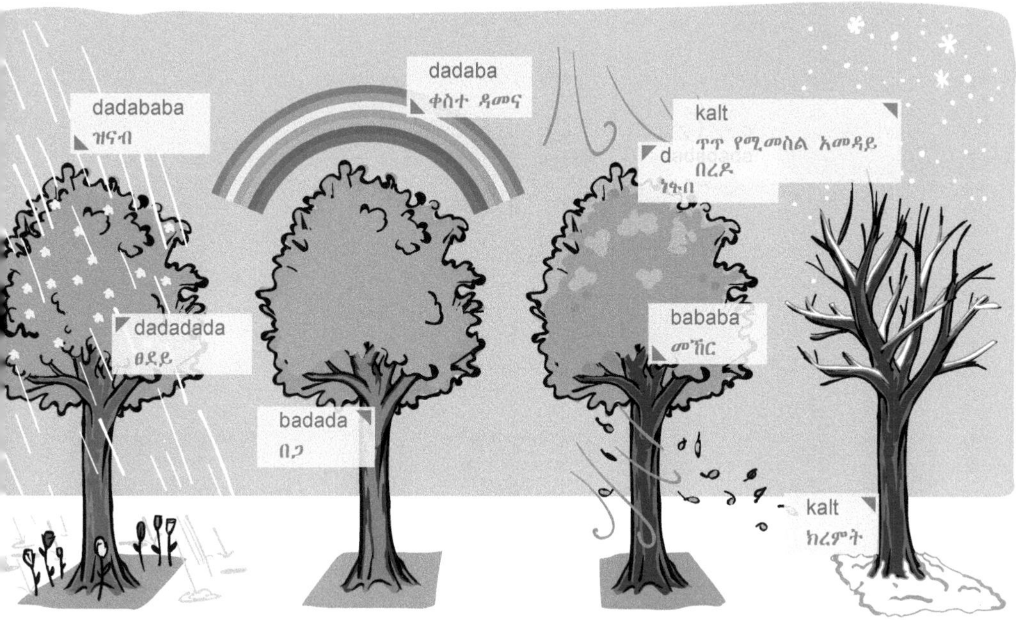

dadababa
ዝናብ

dadaba
ቀስተ ዳመና

kalt
ጥጥ የሚመስል አመዳይ
በረዶ

d
ነፋብ

dadadada
ፀደይ

bababa
መኸር

badada
በጋ

kalt
ክረምት

dadababa

የአየር ሁኔታ ትንበያ

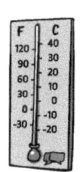

bababa

የሙቀት መለኪያ

ba

የፀሀይ ሙቀት

baba

ደመና

dadadada

ጭጋግ

dada

እርጥበታማነት

dadababa

....

መብረቅ

dada

....

ነጎድጓድ

badada

....

አዉሎ ንፋስ

dadababa

....

የበረዶ ዝናብ

bababa

....

አዉሎ ንፋስ

dadaba

....

ጎርፍ

dadadada

....

በረዶ

dadaba

....

ጥር

dadaba

....

የካቲት

bababa

....

መጋቢት

dadadada

....

ሚያዚያ

dadadada

....

ግንቦት

babababa

....

ሰኔ

baba

....

ሐምሌ

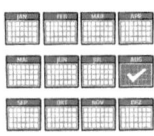

bababa

....

ነሀሴ

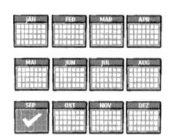

dadadada

መስከረም

badada

ጥቅምት

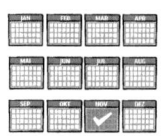

dadababa

ህዳር

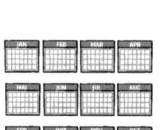

baba

ታህሳስ

dadababa

ቅርፆች

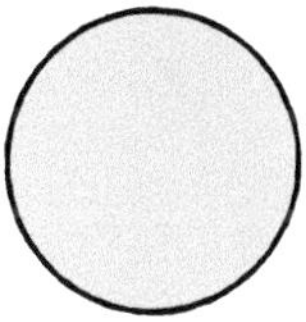

baba

ክብ

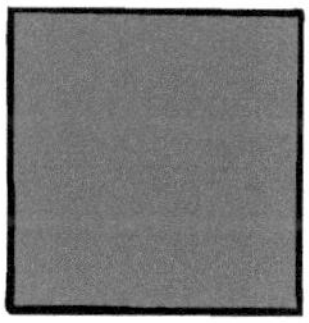

badada

አራት ማዕዘን

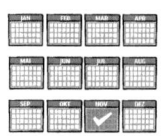

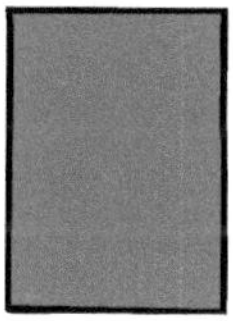

dadababa

አራት ቀጥተኛ ማዕዘኖች ጎኖች ያሉት ቅርፅ

babababa

ሶስት ማዕዘን

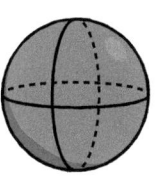

dadadada

ሉል

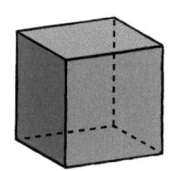

babababa

ስድስት ጎን ያለዉ ቅርፅ

dadababa

ቀለማት

dadababa

....

ነጭ

babababa

....

ቢጫ

baba

....

ብርቱካናማ

dadadada

....

ሮዝ

babadada

....

ቀይ

dadababa

....

ወይን ጠጅ

dadadada

....

ሰማያዊ

ba

....

አረንጓዴ

baba

....

ቡኒ

bababa

....

ግራጫ

badada

....

ጥቁር

da / ba

....

ብዙ/ ጥቂት

da / ba

....

ንዴት/ እርጋታ

da / ba

....

ቆንጆ/ አስቀያሚ

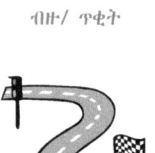

da / ba

....

ጅማሬ/ ፍፃሜ

da / ba

....

ትልቅ/ ትንሽ

da / ba

....

ደማቅ/ ደብዛዛ

da / ba

....

ወንድም/ እህት

da / ba

....

ንፁህ/ ቆሻሻ

da / bada

....

የተሟላ/ ያልተሟላ

da / ba

....

ቀን/ ምሽት

da / ba

....

የሞተ/ ህያዉ

da / ba

....

ሰፊ/ ጠባብ

da / ba

....

የሚበላ/ የማይበላ

da / ba

....

ክፉ/ ደግ

ba / ba

....

ደስተኛ/ ድብርተኛ

da / ba

....

ወፍራም/ ቀጭን

ba / ba

....

መጀመርያ/ መጨረሻ

da / bada

....

ጓደኛ/ ጠላት

da / ba

....

ሙሉ/ ጎዶሎ

da / ba

....

ጠንካራ/ ለስላሳ

da / ba

....

ከባድ/ ቀላል

da / bada

....

ረሃብ/ ጥማት

da / ba

....

ህመም/ ጤንነት

da / ba

....

ህገወጥ/ ህጋዊ

da / ba

....

ጎበዝ/ ደደብ

ba / ba

....

ግራ/ ቀኝ

da / ba

....

ቅርብ/ ሩቅ

da / bada

....

አዲስ/ አሮጌ

da / ba

....

ምንም/ የሆነ ነገር

ba / ba

....

ሽማግሌ/ ወጣት

da / ba

....

የበራ/ የጠፋ

da / ba

....

ክፍት/ ዝግ

da / ba

....

ፀጥታ/ ጫጫታ

ba / ba

....

ሃብታም/ ደሃ

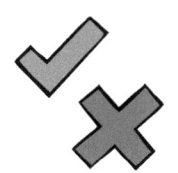

da / ba

....

ትክክለኛ/ የተሳሳተ

da / ba

....

ሻካራ/ ለስላሳ

ba / ba

....

ሐዘን/ ደስታ

da / ba

....

አጭር/ ረዥም

da / ba

....

ዝግተኛ/ ፈጣን

da / bada

....

እርጥብ/ ደረቅ

da / bada

....

ሞቃት/ ቀዝቃዛ

da / ba

....

ጦርነት/ ሰላም

dadaba

ቁጥሮች

0

dada

ዜሮ

1

a

አንድ

2

ba

ሁለት

3

da ba da

ሶስት

4

badabada

አራት

5

dadababa

አምስት

6

dadaba

ስድስት

7

badada

ሰባት

8

dadababa

ስምንት

9

dadaba

ዘጠኝ

10

dadadada

አስር

11

badada

አስራ አንድ

12

baba

አስራ ሁለት

13

bababa

አስራ ሶስት

14

baba

አስራ አራት

15

babadada

አስራ አምስት

16

dadababa

አስራ ስድስት

17

babababa

አስራ ሰባት

18

dadababa

አስራ ሰስምንት

19

bababa

አስራ ዘጠኝ

20

dadababa

ሃያ

100

baba

መቶ

1.000

baba

ሽህ

1.000.000

dadababa

ሚሊዮን

dadadada

ቋንቋዎች

baba

እንግሊዝኛ

babadada

የአሜሪካ እንግሊዝኛ

dadababa

የቻይና ማንዳሪን

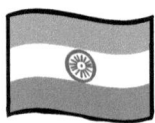

ba

ሂንዱ

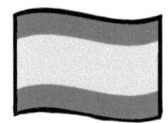

badada

ስፓኒሽ

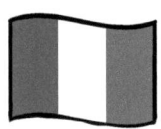

ohlala

ፍሬንች

babadada

አረብኛ

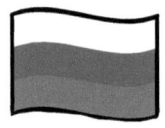

dadaba

ራሺያኛ

dada

ፖርቱጊዝ

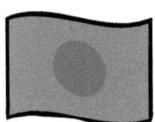

dadadada

ቤንጋሊ

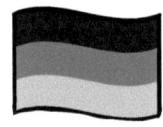

badada

ጀርመን

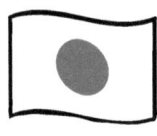

dadadada

ጃፓንኛ

da / da / da

ማን/ ምን/ እንዴት

a

እኔ

dadadada

አንተ

da / da / da

እሱ/ እርሷ/ እቃዉ

o ba ma

እኛ

babababa

አንተ

baba

እነርሱ

dadadada

ማን?

dadadada

ምን?

baba

እንዴት?

babababa

የት?

babadada

መቼ?

dadaba

ስም

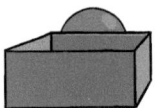

babababa

የት

baba

በስተጀርባ

dadaba

ዉስጥ

baba

ከፊት ለፊት

ba

ከላይ

baba

ላይ

dadababa

ከስር

babababa

አጠገብ

ba

መሃከል

dada

ቦታ